Chrétien quand même ?

Éditions Ouverture
Son mot à dire…

Alain Burnand
Les cloches de Sa renommée
(épuisé)

Françoise Bardet
Donnez, vous serez remerciés!

Francine Carrillo
Guérir… mais de quoi?
(4e édition – 5e mille)

Roger Chatelain
Du signe à la page
Chroniques typographiques illustrées

Jean-Jacques Beljean
Vingt-quatre juin
La mort d'un fils

Bernard Bonvin, op
Bonjour Théo, Bonjour la Vie
Chroniques d'un ermite dans la cité

Eric Walther
Formateur d'enseignants
Le pays d'où je viens
Illustrations de Nicolas Fossati

Viviane Maeder
Un piano sous les étoiles

Roger Chatelain
Le texte et l'image
Nouvelles chroniques typographiques

Viviane Capt et Samuel Socquet
Un goût d'encens et de danse
L'Inde, Elle et Lui
Photos de Samuel Socquet

Martine Bovay
Ados-Adultes
Face à face et rencontres
Illustrations de Bénédicte

Bernard Reymond
Histoires à dire et à lire
Pour Noël et autres fêtes
Illustrations de Florence Clerc Aegerter

Christine Sigwart-Sartorius
Lumière en plein visage
Schlomo

Éditions Ouverture
Aujourd'hui présent…

Lucette Woungly-Massaga
Mamia Woungly-Massaga
L'ardeur d'une vie

François A. de Vargas

Chrétien quand même ?

Editions Ouverture
Son mot à dire…

Diffuseurs

En Suisse

Diffusion Ouverture

En Budron H20
1052 Le Mont-sur-Lausanne
Tél. + 41 (0) 21 652 16 77
Fax + 41 (0) 21 652 99 02
Courriel : ouverture@bluewin.ch

En France

Editions Olivétan

B.P. 4464
69241 Lyon Cedex 04
Tél. + 33 (0) 4 72 00 08 54
Fax + 33 (0) 4 72 00 02 74
Courriel : olivetan@wanadoo.fr

ISBN 978-2-88413-307-4

Liminaire

Dans une époque où se côtoient tant de croyances différentes, il est difficile d'être adepte d'une religion en adhérant à tout son enseignement traditionnel. Mais par ailleurs nous avons tous besoin de convictions pour vivre. Certains s'identifient à la religion dans laquelle ils ont été élevés. Ils sont chrétiens, musulmans, bouddhistes, comme on est Suisse, Français, Indien, noir ou blanc. D'autres acceptent l'enseignement qu'ils ont reçu ou se sont convertis à une autre religion ou encore sont devenus athées. Quelques-uns se sont engagés dans l'action humanitaire ou sociale, au nom de leur foi ou pas. D'autres enfin reconnaissent qu'ils ne savent pas ce qu'ils croient.

En étudiant un peu l'histoire on s'aperçoit que l'enseignement des diverses religions varie selon les grands courants de pensée qu'elles traversent. Pour ne parler que de la religion qui est la mienne, il y a eu un christianisme qui se définissait par rapport à la philosophie grecque, il y a eu un christianisme qui prônait la guerre sainte contre les « infidèles », il y a eu un christianisme qui exaltait les papes et les pouvoirs absolus, et un christianisme qui se vantait d'être à l'origine de la démocratie. Il y a eu un christianisme des lumières, il y a eu un christianisme libéral, puis un regain des fondamenta-

lismes. Au XXe siècle il y a eu un courant chrétien qui s'est rapproché du marxisme, un autre de la psychanalyse.

Après une carrière qui avait commencé par des études de théologie à la Faculté de l'Eglise libre à Lausanne, et à la suite desquelles je me suis engagé dans le combat pour le développement, les droits humains, la résolution des conflits, l'écologie, etc. je me suis replongé dans la théologie et dans l'histoire. En 2004 j'avais écrit ce texte que j'avais intitulé: Peut-on se dire chrétien quand on est si différent de ceux qui se sont proclamés tels? *Je le destinais à quelques camarades d'études et amis très proches, avec qui nous nous demandions si nous avions gardé la foi qu'on nous avait enseignée. L'un de ceux à qui je l'ai donné à lire a bien voulu me dire que cela pourrait intéresser d'autres personnes qui sont dans une recherche semblable, et a convaincu un éditeur. J'ai accepté cette publication, même si aujourd'hui j'écrirais ce texte différemment. Cependant, la question demeure: Quel sens cela a-t-il de se dire chrétien quand on découvre tant de différences avec les chrétiens qui nous ont précédés ou même qui sont nos contemporains?*

Peut-on se dire chrétien quand on est tellement différent de ceux qui se sont proclamés tels?...

Quand on me demande: «Etes-vous chrétien?», je réponds: «Oui». - «Catholique? protestant?...» Je réponds: «Protestant».

Mais en réalité, est-ce que je partage la foi de ceux qui sont à l'origine de la dénomination religieuse dont je me réclame? Ou est-ce que je suis totalement hypocrite (ou que je m'abuse moi-même) en me disant protestant et chrétien?

En me plongeant dans l'histoire, je suis sidéré par la rapidité avec laquelle certaines religions ou certaines idées se sont répandues. Ainsi, le christianisme qui est parti du tout petit groupe des disciples d'un rabbin de Galilée et qui a conquis tout l'Occident. Ainsi l'islam, parti de quelques nomades d'Arabie et qui en un siècle a conquis tout le Moyen-Orient, l'Afrique du Nord et même l'Espagne. Ou encore la réforme protestante qui s'est répandue en quelques années dans de nombreux pays d'Europe et a bouleversé l'Occident... Une rapidité de diffusion analogue peut être constatée pour les idées des philosophes au siècle des lumières, pour le marxisme, et de nombreux autres courants de pensée. Comment s'expliquer ces progressions fulgurantes, alors qu'il n'y avait ni radio, ni moyens de communication moderne, que les voyages étaient difficiles et que la grande majorité des gens ne savait pas même lire ? C'est certainement parce que ces nouvelles idées répondaient à une attente des populations (ou du moins de leurs maîtres). Je ne pense pas que tous ceux qui ont suivi ces grands initiateurs avaient compris leur message, mais ce qu'ils ont compris répondait à leur attente. Or les attentes changent au cours des siècles. C'est peut-être pour cela qu'au bout d'un certain temps la progression de ces religions ou courants de pensée s'est essoufflée.

Les raisons pour lesquelles on adhère aux religions ou courants de pensée ne sont pas les mêmes d'une époque à l'autre et je constate que, souvent, leurs adhérents d'aujourd'hui ne partagent plus du tout les convictions de leurs initiateurs.

Je vais donc me demander ici dans quelle mesure je partage les attentes des chrétiens de différentes époques, et, comme la réponse sera certainement que je ne les partage guère, il se posera la question de savoir si vraiment je peux me réclamer de la même religion qu'eux.

Je tiens à dire ici qu'il s'agit d'une réflexion toute personnelle qui s'appuie sur ce que je sais de l'histoire. Elle ne prétend pas à une interprétation exacte des différents courants de pensée mentionnés, ni à aboutir à des conclusions qui seraient valables pour d'autres personnes que pour moi. Elles m'amèneront à la question: «Puis-je assumer mon identité de chrétien, alors que je suis si différent de ceux qui ont annoncé ce message avec tant de succès?» Pour personnelle que soit cette réflexion, peut-être trouvera-t-elle un écho chez certains des lecteurs de ce texte, dont je serais heureux de connaître les réactions.

I

Est-ce que je partage les attentes...

...des contemporains de Luther?

Il me revient en mémoire une visite que j'ai faite au Château de la Wartburg, il y a quelques années. Ce château, près d'Eisenach en Allemagne orientale, est l'endroit où Luther fut accueilli après avoir été mis au ban de l'empire, et où il traduisit la Bible en allemand. Luther...! c'était un des héros de mon adolescence pieuse: celui qui avait redécouvert la gratuité de l'Evangile, le salut par la grâce... C'est lui qui avait formulé ce qui fait l'essence de la Réforme, et par conséquent de la mouvance religieuse à laquelle j'appartiens. Ce voyage en Allemagne de l'Est – ouverte depuis la chute du Mur de Berlin au tourisme occidental – me remit en mémoire ce mouvement historique extraordinaire, au XVIe siècle, où la contestation d'un petit moine allemand a suscité un enthousiasme déferlant en Allemagne et dans toute l'Europe, a divisé la chrétienté, l'a mise à feu et à sang. Et je me suis demandé: Quel était-il ce message de Luther pour avoir eu un tel effet?

Je me suis alors référé à ce que je savais de la vie de Luther et à ses 95 thèses, affichées sur la porte de l'église de Wittenberg le jour de la Toussaint 1517 (date qui est commémorée dans toutes les églises protestantes pour fêter la Réformation). Or que disent-elles, ces fameuses thèses ? Elles disent que nous ne sommes pas sauvés par les indulgences achetées à l'Eglise, ni même par nos bonnes œuvres, mais uniquement par la grâce de Dieu, manifestée en Jésus-Christ. Comment cette simple affirmation (car ces 95 thèses se répètent beaucoup et disent en substance la même chose) a-t- elle pu provoquer le raz-de-marée que je viens d'évoquer ?

Pour le comprendre, il faut se remettre en mémoire la terreur qui était celle des chrétiens de l'époque à l'idée de la damnation éternelle. Cette damnation, selon saint Augustin, nous est value par la faute d'Adam et d'Eve qui avaient désobéi à Dieu en croquant un fruit dans le jardin d'Eden (on n'avait pas encore appris, à l'époque, la critique historique des textes). De cette damnation, nous ne pouvons être sauvés que par le sacrifice de Jésus-Christ, à condition d'avoir la foi (d'après Luther), ou à condition que nos œuvres, accomplies dans l'obéissance à l'Eglise (selon les prédicateurs envoyés par le Vatican), nous fassent mériter ce salut. Il en découlait que ceux qui ne faisaient pas partie de l'Eglise (pour les catholiques) ou qui n'avaient pas la foi en Christ (pour les partisans de la Réforme), donc la plus grande partie des êtres humains - ceux qui ont vécu avant le Christ, ou ceux qui professent d'autres religions, sans compter une grande partie de ceux qui se disent chrétiens : hérétiques ou pécheurs - étaient exclus de ce salut.

Je viens de dire que je me considère comme chrétien et protestant, donc dans la lignée de Luther. Mais qu'est-ce que je partage de cette foi ? Je ne crois certes pas que la faute commise par Adam entraîne ma damnation éternelle. Si j'acceptais cela, je croirais en un Dieu cruel et injuste. Comment condamner des êtres pour un crime qu'ils n'ont pas commis ? Certes, je peux lire aujourd'hui le récit biblique du début de la Genèse comme un texte symbolique, porteur d'une grande vérité, qui affirme que nous partageons tous, nous autres humains, disons pour simplifier, une volonté de puissance (ce n'est pas le lieu de faire ici l'exégèse de Genèse 3) qui nous éloigne de Dieu et de notre prochain, mais je ne crois pas en la doctrine augustinienne du péché originel, laquelle doctrine a influencé tout le Moyen Age, notamment saint Anselme (« Cur Deus homo »[1]), saint Thomas d'Aquin,

1. *Cur Deus Homo : Pourquoi Dieu s'est fait homme,* ouvrage marquant de saint Anselme de Cantorbéry (1033-1149), docteur de l'Eglise, qui soutient que, pour effacer la dette (le péché) de l'homme, il a fallu que Dieu se fasse homme en Christ et se sacrifie sur la croix.

Calvin, etc.). Mais alors… ? puis-je encore me considérer comme appartenant à la lignée de Luther ? et de Calvin ? et/ou de saint Thomas d'Aquin ?

Mais cela ne m'empêche pas de penser que Luther a accompli une œuvre historiquement et théologiquement capitale. Théologiquement d'abord : en rappelant que ce ne sont pas nos œuvres qui importent, mais le fait que nous sommes aimés de Dieu. Que nous ne faisons pas le bien pour être sauvés de l'enfer, mais parce que nous avons été aimés. Historiquement, Luther a été, sinon l'initiateur, du moins un remarquable précurseur d'une pensée autonome, libérée du poids de l'autorité ecclésiale. A sa suite, la pensée occidentale n'a plus été soumise à l'autorité du pape ou à un quelconque magistère. Ce que certains catholiques déplorent, à savoir la perte de l'unité de l'Eglise, voire de la pensée occidentale, a été un point de départ du développement des sciences, de la philosophie laïque, de la démocratie, etc.
Pour toutes ces raisons, Luther représente un tournant dans la théologie et dans l'histoire. Mais est-ce suffisant pour dire que je suis un adhérent de la Réforme ?

J'ai ainsi pris conscience, en visitant le château de la Wartburg, que je pouvais être très éloigné de ceux dont je me dis héritier. Et surtout des raisons pour lesquelles une doctrine dont je me réclame a eu le succès qu'elle a eu à l'époque où elle a été proclamée. Mais il me faut aller plus loin. Comme je me le suis demandé pour la Réforme qui a déferlé sur l'Allemagne et l'Europe au XVIe siècle, je dois me poser la même question sur la naissance même du christianisme: les raisons pour lesquelles j'adhère à cette religion sont-elles les mêmes que celles qui ont fait son succès à ses débuts ? Et je découvre que ce n'est pas le cas. Pas plus que je ne partage les préoccupations des chrétiens de l'époque conciliaire, ni même celles de mes grands-parents. Enfin, je vais me demander si, quand je me dis chrétien, je dis la même chose que mes contemporains qui se proclament tels. Voyons d'abord ce que j'ai de commun avec les attentes...

... des premiers chrétiens ?

Ici, je me réfère à une série d'interviews des meilleurs exégètes contemporains du Nouveau Testament qui a passé à la télévision romande aux alentours de Pâques 2004, sur les origines du christianisme[2]. Qu'est-ce qui a fait que la doctrine d'un rabbin, mort très jeune, ignominieusement cruci-

2. *Corpus Christi* Série télévisuelle réalisée en 1992 par Gérard Mordillat et Jérôme Prieur, constituée par des interviews de divers exégètes et qui a passé sur plusieurs chaînes de TV, notamment Arte et la Télévision Suisse romande.

fié, entouré d'une douzaine de disciples et d'un nombre un peu plus grand de sympathisants, s'est répandue de façon fulgurante dans tout le bassin méditerranéen et l'Orient ? Au point qu'elle est devenue, quelque 300 ans plus tard, la religion officielle de l'Empire romain, balayant les croyances religieuses et les philosophies de civilisations prestigieuses ?

Est-ce la résurrection de ce rabbin crucifié ? Mais l'antiquité foisonnait de récits merveilleux (y compris de résurrections) qui ont souvent suscité des mouvements religieux, mais aucun de la puissance du christianisme.

Non, ce qui a fait que la foi chrétienne (qui était devenue - notamment grâce à l'élaboration théologique de Paul - la foi en l'œuvre accomplie par Jésus, proclamé Messie, puis Fils de Dieu, en mourant sur la croix et en ressuscitant) s'est répandue avec une telle vigueur, c'est, d'après ce que j'ai compris, un ensemble de facteurs dont voici les plus importants :
La communauté chrétienne primitive a été, semble-t-il, la première communauté juive qui ait admis en son sein des non-juifs, sans les obliger à adopter les pratiques d'Israël (circoncision) et en proclamant

que la loi juive était dépassée (je simplifie) par la foi. La foi proclamée par les chrétiens avait un attrait immense pour la population de l'empire romain. D'abord, elle refusait la multitude des dieux gréco-romains, dont les récits mythiques ne pouvaient plus être acceptés par les intellectuels, en les remplaçant par un Dieu unique, exigeant et aimant. Elle proclamait la réconciliation non seulement des Juifs et des Grecs (autrement dit de ceux qui suivaient la loi de Moïse et des autres sujets de l'empire romain), mais aussi des esclaves et des hommes libres, elle reconnaissait aux femmes une valeur qu'elles n'avaient guère dans les autres traditions, etc. Ensuite, en accordant peu de place au Temple de Jérusalem, elle apparaissait comme la communauté élue par Dieu après la destruction du Temple en l'an 70 de notre ère[3]. Elles promettent en outre à tous les croyants la vie éteternelle, rendue certaine par la résurrection du Christ. A ces facteurs on peut ajouter le fait que les rites chrétiens ne demandaient pas d'infrastructure (temples, sacrifices, statues, etc.), seulement des livres, de l'eau, du pain et du vin, pouvant ainsi se répandre dans tout l'empire. Et puis le courage des chrétiens pen-

3. A ce propos, on peut se demander ce qui se serait passé si la vie de Jésus n'avait pas été suivie de peu par cette catastrophe historique qui a changé le sort du peuple juif... et des chrétiens !

dant les persécutions, ainsi que la résistance à l'empereur (même si cette résistance se limitait à lui refuser les titres divins), et qui certainement en impressionnaient beaucoup. Enfin, les communautés chrétiennes étaient organisées et dirigées par des évêques, qui étaient en lien les uns avec les autres.

Bref, il y avait là toute une série de raisons qui expliquent que les conversions au christianisme se soient multipliées, et que, sous Constantin, le christianisme ait pu être reconnu par l'Etat romain, pour devenir, quelques décennies plus tard, religion officielle de l'Empire.

Remarquons au passage que les raisons pour lesquelles le christianisme s'est répandu au début de notre ère et les raisons pour lesquelles la Réforme s'est répandue au XVIe siècle ne sont pas les mêmes. Le fait d'être délivrés de la malédiction du péché originel ne joue pas de rôle dans la prédication des premiers chrétiens. Certes, la doctrine du péché originel trouve sa source dans l'épître aux Romains de saint Paul, mais il s'agissait surtout pour Paul de montrer l'universalité du salut apporté par le Christ, pas seulement aux Juifs, pas seulement à ceux qui pratiquent la loi de Moïse, mais à tous les hommes (descendants d'Adam, *Romains 5, 12-21*). Ce qui tient à cœur à Paul, c'est d'inclure les païens dans l'alliance. Ce n'était pas une doctrine exclusive et excluante comme la doctrine du péché originel développée par et après saint Augustin.

Malgré tout, il y a des points communs entre la prédication de la Réforme et celle des chrétiens du Ier siècle. Toutes deux créaient une nouvelle communauté, libérée des obligations légales, fondée sur l'amour de Dieu, qui rendait la loi caduque, ou du moins n'y asservit pas.

Mais, comme pour Luther, je peux me demander: Est-ce que j'adhère au message chrétien tel qu'il a été prêché et compris au Ier siècle? L'immense effort de Paul pour faire entrer les païens dans l'Eglise n'est plus d'actualité pour moi. En effet, je ne crois pas quelque chose qui allait de soi pour les premiers chrétiens (et sans doute pour Jésus lui-même), à savoir que la parole de Dieu s'adresse en premier lieu aux Juifs. Les croyances aux dieux gréco-romains n'ont aucune importance pour moi (ce qui m'interpelle plutôt, c'est l'athéisme qui refuse la foi en un seul Dieu). Quant à l'œuvre de réconciliation du christianisme naissant, elle fait bien piètre figure aujourd'hui, quand on sait toutes les haines, tout le racisme, l'oppression, l'intolérance que le christianisme a suscités, et l'on peut se demander si la Déclaration universelle des droits de l'homme, et toute la réflexion qui en a découlé, ne représente pas mieux l'éthique à laquelle il nous faut aujourd'hui aspirer que celle qui ressort du Nouveau Testament.

Mais malgré ces différences, je pense que le message des chrétiens du premier siècle, de Paul en particulier, représente quelque chose de fondamental : l'annonce d'un Dieu unique qui nous délivre de notre culpabilité, qui rassemble tous les êtres humains dans une même communauté, sans distinction d'origine ethnique ou religieuse, de sexe, de condition sociale, la proclamation d'une éthique répondant à l'amour de Dieu et non d'une morale obéissant à des commandements rigides, est quelque chose d'essentiel dans l'histoire de l'humanité, et à quoi j'adhère, même si je ne partage plus les préoccupations des chrétiens du Ier siècle.

…des chrétiens du temps des premiers conciles ?

Je pourrais continuer l'exercice en me demandant ce que j'ai de commun avec les chrétiens de l'époque des premiers conciles. Ce qui, à cette époque (IVe siècle), passionnait les *foules* - pas seulement les évêques et les théologiens, mais véritablement la masse du peuple - c'était la question de la nature du Christ. Nous avons peine aujourd'hui à nous imaginer avec quelle passion les chrétiens de cette époque – du moins ceux dont la doctrine a triomphé – étaient convaincus que le message vital qu'il fallait faire accepter à tous était celui des deux natures du Christ, autrement dit que Jésus était à la fois Dieu et homme. Ce que Jésus avait dit ou fait suscitait beaucoup moins de passion que sa nature. Aujourd'hui, nous nous contenterions volontiers d'une formule du genre : « En Jésus nous rencontrons Dieu », et, même si nous trouvons très poétiques les formulations du symbole de Nicée (« Dieu de Dieu, lumière de lumière,... engendré non créé, de même nature que le Père... » etc.), nous avons de la peine à y attacher une importance vitale ou simplement à les comprendre. Mais au IVe siècle, une telle attitude nous aurait valu l'excommunication, sinon pire.

Pourquoi était-il tellement important, à cette époque et aux siècles suivants, de savoir si le Christ était homme ou Dieu, ou les deux à la fois, et comment cela pouvait se faire, alors qu'aujourd'hui cela ne suscite guère de débats ? Sans doute, parce qu'on sortait du polythéisme et qu'on était marqué par une philosophie qui tentait de connaître la nature de l'homme et des dieux. Peut-être aussi parce que le pouvoir impérial avait besoin de donner au Seigneur qu'il proposait à ses sujets les attributs suprêmes, comme cela s'est vu, tout au long de l'histoire, où les pouvoirs absolus ont toujours tenté d'imposer une religion (ou une idéologie) forte.

Cela dit, je dois reconnaître que la foi en la Trinité a quelque chose d'absolument fondamental en théologie, même si la Trinité comme telle n'est pas objet de foi dans les textes bibliques. Elle affirme que Dieu est totalement présent dans l'humanité (incarnation) et qu'il peut être présent à l'intérieur de chacun de nous (Saint-Esprit). Vouloir faire des textes johanniques qui parlent de l'unité du Père et du Fils une simple adhésion au pouvoir impérial serait totalement aberrant. Les textes conciliaires ont donc une valeur immense, mais la passion avec laquelle les chrétiens de l'époque (ainsi que les chrétiens de la branche orthodoxe jusqu'à aujourd'hui) l'ont défendue a quelque chose d'étrange pour nous, hommes du XXIe siècle.

...des chrétiens du début du XXe siècle?

Je ne veux pas passer en revue toutes les périodes de l'histoire de l'Eglise, mais seulement celles auxquelles je tends à me référer. Comme je l'ai déjà dit, je ne fais pas ici un traité d'histoire, mais une réflexion sur ma propre foi. Je voudrais donc encore me demander si je me proclame chrétien pour les mêmes raisons que mes grands-parents, ou même mes parents. Au début du XXe siècle encore, le chrétien était quelqu'un qui avait (ou devait avoir) une foi ferme, non ébranlée par le doute, il devait observer une morale stricte sur le plan sexuel (pas de relations avant ni en dehors du mariage), respecter les autorités, etc. La foi chrétienne, tant catholique que protestante, développait souvent un sentiment aigu de culpabilité. Les chrétiens d'alors rejetaient les autres religions comme fausses, voire pernicieuses, et c'est à peine si l'œcuménisme entre catholiques et protestants était salué par une avant-garde. A part cela, ils n'auraient pas osé plaisanter sur la religion. Aujourd'hui, les pasteurs et prêtres qui appartiennent à la mouvance dans laquelle je me reconnais, sont prêts à admettre le doute, essaient de dépasser une morale qui se concentre sur les questions de sexe ou d'obéissance, cherchent en général à déculpabiliser leurs paroissiens, se laissent interroger par les autres religions, et font d'abondantes plaisanteries sur des thèmes religieux. Quoi de commun, peut-on se demander avec l'enseignement de leurs grands-parents ?

… des chrétiens d'aujourd'hui

Mais il faut continuer. Qu'ai-je en commun avec ceux qui se proclament chrétiens aujourd'hui ? Si le christianisme est, selon les statistiques, la plus nombreuse des religions du monde, c'est aussi celle où il y a le plus d'indifférents, de non-pratiquants, voire de personnes qui ne savent pas si vraiment elles y croient ou non. C'est sans doute la religion qui a été le plus secouée par les attaques de la libre-pensée, de la science (Galilée, Darwin, Freud, sont apparus comme les fossoyeurs du christianisme), du matérialisme, du marxisme, de la critique historique, de la psychanalyse, etc. Malgré tous ces coups de boutoir, le christianisme a subsisté, mais il est évident qu'il ne peut plus être semblable à ce qu'il était avant. Malgré ces profondes remises en question, il y a aujourd'hui encore des chrétiens enthousiastes qui croient fermement et qui agissent au nom de leur foi. Mais ces chrétiens fervents, relativement peu nombreux, ont des convictions de types très différents de leurs prédécesseurs. J'en distinguerais, pour simplifier, quatre ou cinq catégories (qui se retrouvent d'ailleurs dans toutes les confessions chrétiennes). Notons qu'on peut faire partie de plusieurs catégories à la fois ou se situer entre deux catégories.

- ***Ceux qui ont besoin de certitudes***

La première catégorie de ces chrétiens convaincus est constituée, à mes yeux, de ceux qui cherchent à tout prix à se raccrocher à des certitudes. Ils ont besoin d'un catéchisme clair, qui leur dise ce qui est vérité et ce qui est erreur, ils ont besoin d'une morale qui leur dise ce qu'il faut faire et ne pas faire. S'ils ont fauté, ils ont besoin de savoir comment ils peuvent se faire pardonner. Ces chrétiens-là sont en général contre l'avortement, voire la pilule contraceptive, ils condamnent l'homosexualité ; ils croient en l'infaillibilité pontificale s'ils sont catholiques, en l'inspiration littérale de la Bible s'ils sont protestants. Ils pensent qu'ils sont sauvés par le sang du Christ, alors que le reste de l'humanité ne l'est pas (certains réservent le mystère de la grâce divine). Sans vouloir tous les mettre dans le même panier, je dirais qu'ils ont tendance à devenir sectaires. Avec ces chrétiens-là, j'ai peu de choses en commun, même si je leur reconnais souvent un dynamisme et un dévouement remarquables. Mais j'avoue que je me sens beaucoup plus à l'aise avec des incroyants ou des adhérents d'autres religions, avec ceux qui doutent, ou encore avec les militants qui veulent « changer le monde » qu'avec ces chrétiens qui pensent que seuls ceux qui partagent leurs convictions sont dans la vérité.

- ***Ceux qui ont besoin de rites***

Une autre catégorie de chrétiens est celle que l'on appelle les chrétiens sociologiques. Ils ne sauraient expliquer ce en quoi ils croient, mais ils estiment important qu'il y ait des églises dans les villages, que l'on célèbre Noël, Vendredi-Saint et Pâques et les autres fêtes chrétiennes. Ils vont aux enterrements et veulent être eux-mêmes enterrés à l'église, ils veulent faire baptiser leurs enfants et se marier devant un pasteur ou un prêtre. Ne les interrogez pas trop sur le sens de ces rites, ils ne sauront pas bien répondre, mais ils en sont réconfortés et se sentiraient malheureux de les manquer. Dans ma jeunesse, je professais le plus grand mépris pour ces chrétiens « sociologiques ». Aujourd'hui, je suis beaucoup plus compréhensif. Oui, aucun être humain ne peut vivre sans se sentir appartenir à un groupe (« communauté » est peut-être un trop grand mot !). Cette appartenance se manifeste par des rites qui doivent se célébrer dans une communauté, qui doivent être présidés par un homme (ou une femme pourquoi pas ?) qui invoque le sacré ou le transcendant. Peu importe comment on comprend ce sacré, ce qui importe c'est que ce soit quelque chose que tous – en principe – reconnaissent comme étant au-dessus de nous.

Dans la déliquescence individualiste à laquelle nous assistons aujourd'hui, comment pouvons-nous mépriser ce désir d'invoquer quelque chose de transcendant et de communautaire ? Et si dans ces rites, on se réfère à la foi chrétienne, n'est-ce pas la foi dans laquelle nos parents et nos grands-parents ont été élevés, n'est-ce pas quelque chose qui nous relie à ceux que nous aimons ? Evidemment, une importance semblable doit être reconnue aux cérémonies des autres religions, par exemple à l'Aid el Kébir ou à la circoncision chez les musulmans, au Yom Kippour, à la barmitsva chez les juifs, etc.

Ces chrétiens sociologiques s'attendent à ce que l'Eglise intervienne quand il le faut, par exemple en organisant des prières quand il y a des catastrophes, en aidant les victimes, en dénonçant les responsables de fautes graves, en éduquant la jeunesse et en donnant des préceptes moraux. En pensant à eux, on comprend que nos constitutions commencent par « Au nom du Dieu Tout-Puissant », et le fait que les frais des églises et des communautés religieuses soient pris en charge par l'Etat – même laïc – apparaît comme justifié.

- ***La religion de l'amour***

Une autre catégorie est constituée par ceux qui adhèrent au christianisme parce qu'ils y ont trouvé la religion de l'amour. Il est vrai qu'en comparaison avec les autres religions et avec les agnostiques, l'Evangile porte un message et une motivation d'amour fulgurants. Ceux-là sont dans la lignée de saint François d'Assise, de saint Vincent de Paul, de William Booth, d'Henry Dunant, de Mère Teresa et d'innombrables autres qui font la fierté du christianisme, et je la revendique aussi. Cependant je ne dis pas qu'aucune autre religion ou courant de pensée ne puisse susciter de grands actes de charité. Je constate aussi que le christianisme est loin de susciter automatiquement une telle sainteté, car il a aussi produit l'intolérance, l'étroitesse, il a aussi justifié des guerres. Les chrétiens de cette catégorie, pour qui l'amour est l'essentiel, même s'ils ne sont pas des saints, sont en général des gens charitables, pas toujours de grands théologiens, et s'efforcent de prier régulièrement. Parmi eux, les plus remarquables sont les mystiques, pas si rares que cela aujourd'hui, qui entrent (ou cherchent à entrer) dans une communion indicible avec le Dieu Amour. Leur lignée est prestigieuse : je citerai saint Augustin, saint

Thomas, Calvin, les deux sainte Thérèse (d'Avila et de Lisieux), Simone Weil, Teilhard de Chardin, de nombreux fondateurs ou membres de congrégations religieuses (du Père de Foucauld à Roger Schütz, prieur de Taizé). Mais malgré l'immense attirance que les mystiques exercent sur moi, ils me posent un certain nombre de questions : comment Calvin et le Père de Foucauld peuvent-ils se retrouver dans une expérience mystique semblable, le second en pleine communion avec des musulmans et le premier défendant la doctrine de la double prédestination ? Et puis, une autre question fondamentale : comment le Dieu des mystiques peut-il remplir ceux qui le cherchent jusqu'à l'extase et rester inébranlablement muet devant les naufragés qui se noient et les enfants qu'on torture ?

- ***L'engagement pour « changer le monde »***
Contrairement à la réputation qui a été faite aux chrétiens d'être des conservateurs en matière sociale et politique, il y a, depuis environ deux siècles, un courant très fort pour un engagement au nom du Christ en faveur du changement social. Ce courant s'inspire sans doute des initiatives charitables des saints qui ont jalonné toute l'histoire de l'Eglise, mais il

s'est renforcé en relevant les défis de la Révolution française, du mouvement ouvrier, du marxisme, de la décolonisation. Refusant que le christianisme soit l'opium du peuple, cette tendance trouve dans l'Evangile la motivation pour une action révolutionnaire ou réformiste. Il s'est exprimé, au XIXe siècle par le Christianisme social, au XXe siècle par l'Action catholique, par la résistance au nazisme (Barth, Bonhoeffer, Boegner), par l'engagement pour le développement des peuples (Père Louis-Joseph Lebret, André Biéler), par les nombreuses initiatives du Conseil œcuménique, par des actions non-violentes telles celle de Martin Luther King, par la théologie de la libération en Amérique latine, (hélas combattue par les plus hautes instances de l'Eglise catholique). C'est une tendance chrétienne à la fois proche du marxisme, puisqu'elle vise à un changement radical de la société et opposée au marxisme puisqu'elle revendique en général des moyens non-violents (mais des exceptions s'imposent), elle refuse de diviniser un type d'organisation sociale. Elle critique en outre les régimes et les partis issus du marxisme sur d'innombrables points, en se référant au message du Christ. De cette tendance, je me sens également très proche, tout en constatant qu'elle confirme mon idée que les chrétiens des différentes époques ont eu des convictions très différentes, en général fortement inspirées par les grands courants de pensée contemporains.

- ***Les clés de notre humanité***

Il y a encore une autre catégorie de chrétiens que j'aimerais mentionner et c'est celle, avec la catégorie précédente, dont je me sens le plus proche. Ce sont ceux qui cherchent dans les textes fondamentaux du christianisme et du judaïsme les clés dont nous avons besoin pour comprendre notre humanité. Ce sont ces penseurs qui relisent les récits de la Genèse et le Sermon sur la montagne, c'est René Girard qui affirme que la mort du Christ nous a libérés de l'enchaînement mimétique et de la fatalité du bouc émissaire, c'est, avant lui, Dietrich Bonhoeffer qui découvre dans l'Ecriture le silence de Dieu et que nous devons apprendre à vivre comme si Dieu n'existait pas ; c'est Françoise Dolto dont la pratique psychanalytique s'inspire de l'Evangile ; c'est Marie Balmary qui voit dans les mythes de la Genèse que notre faute est de ne pas reconnaître l'altérité ; c'est Lytta Basset qui nous parle du « pardon originel », alors qu'autrefois on parlait du « péché originel». On pourrait citer de nombreux autres théologiens, psychanalystes, écrivains, etc. qui trouvent dans la foi des clés pour comprendre les êtres humains et eux-mêmes en premier lieu. Comme pour la catégorie précédente on sent la forte influence d'un courant de pensée contemporain. Ici, il s'agit non pas du marxisme mais de la psychanalyse. Remarquons que dans les deux cas il s'agit de courants qui ont fortement critiqué le christianisme.

Suivre les théologiens et écrivains de cette dernière catégorie me rapproche sans doute des textes bibliques (disons de certains textes bibliques) mais cela ne me rapproche guère de la foi des chrétiens du Ier siècle (pour qui la chose importante était le salut annoncé aux non-juifs), ou de la foi des siècles conciliaires (pour qui la chose importante était de comprendre la relation entre le Christ et Dieu), ou des chrétiens du Moyen Age et de la Réforme (pour qui la chose importante était d'être délivrés de la damnation éternelle).

II

Ce qui me différencie encore…

Après ce rapide survol des raisons pour lesquelles, à différentes époques, les gens ont adhéré massivement au christianisme, après avoir constaté que je ne partage guère leurs attentes, puis-je me dire quand même chrétien ? La question se pose avec d'autant plus d'insistance que, sur bien des points, j'ai pris mes distances même d'avec les pratiques et les convictions que les chrétiens semblent avoir adoptées à toutes les époques de leur histoire. Or la principale pratique, commune à tous les chrétiens, n'est-ce pas la prière ?

La prière

Si l'on me demande : « Est-ce que tu pries ? », j'ai envie de répondre « Non, je ne prie pas. Et cela pour des raisons éthiques ».

Comment puis-je par exemple remercier Dieu pour la nourriture, pour la santé, pour le bonheur familial, alors que tant de ses créatures ont faim, n'ont pas de logement, souffrent de maladies cruelles, connaissent des divorces, des dépressions, des haines tenaces ? Rendre grâces à Dieu pour tout ce qu'il nous a donné, n'est-ce pas lui dire : « Je te remercie, Seigneur, que ce soient les autres qui souffrent et pas moi » ?

Et puis, comment demander à Dieu de me guérir d'une maladie, de me faire sortir d'un mauvais pas, et même de faire régner la paix sur la terre, alors que je sais que des milliers d'êtres humains ont imploré Dieu dans l'atrocité des chambres de torture ou des camps de concentration et qu'ils n'ont pas reçu de réponse ? quand je sais qu'avant et pendant toutes les guerres, il y a eu des milliers, des millions sans doute, de gens qui ont prié pour que la guerre n'éclate pas ou qu'elle cesse. Les guerres ont effectivement cessé, mais après combien de millions de morts et de souffrances qui auraient pu être évitées !

Je remarque d'ailleurs que c'est quand on souffre qu'on prie le plus, alors que c'est là où l'on voit le moins l'intervention de Dieu. « Je remercie Dieu de n'avoir eu qu'une jambe cassée, alors que j'aurais pu être tué », dit-on après un accident. Mais si l'on n'a pas eu d'accident, on ne songe pas à en remercier Dieu. Ou bien : « Grâce à Dieu, j'ai survécu aux bombardements, alors que toutes les maisons autour de moi ont été détruites et tous mes voisins tués». C'est quand on est atteint par le malheur qu'on demande, pour soi-même ou pour ses proches, d'y échapper. Mais on sait très bien que d'autres n'y échapperont pas. N'est-ce pas encore demander à être parmi les chanceux et que ce soient les autres qui trinquent? Et combien de prières ont été dites par les torturés, les naufragés, les abandonnés! Nous avons les récits de ceux qui ont survécu et qui chantent la délivrance que Dieu leur a accordée, mais les autres..., ceux dont les récits ne nous sont pas parvenus, parce qu'ils sont morts avant de pouvoir les faire...?

Et pourtant... Quand je rencontre quelqu'un qui me dit qu'il remercie Dieu parce qu'il a été guéri ou qu'il a échappé à un malheur, je ne vais pas lui dire: «Ne Le remercie pas». Lorsqu'une personne, après m'avoir raconté une situation inextricable dans laquelle elle se débat (divorce, maladie, deuil, dépression, expulsion, procès, etc.) me demande de prier pour elle, je ne vais pas lui dire: «Non, ce ne serait pas éthique». Et si quelqu'un me demande de prier pour la paix ou me dit, pour me manifester son affection: «Je prie souvent pour vous», je ne vais pas lui dire de ne pas le faire. Pourquoi? Parce que je sens bien que la prière est autre chose que la demande d'un privilège égoïste, que la prière est l'expression d'un lien, d'une communion, que c'est – comme la méditation – la recherche d'une force, d'un amour, qui peuvent nous être donnés, et que le Dieu que l'on prie peut être trouvé dans notre cœur.

Quand je vois la ferveur qui rayonne de certains moines et nonnes qui passent des journées et des nuits en prière, je ne peux pas penser que leur prière témoigne d'un refus de voir la souffrance inexplicable ou de la grande naïveté de croire que tout va s'arranger parce qu'ils prient.

Alors quel sens peut avoir la prière ? Je pense qu'elle est un lien avec la création, qu'elle nous fait vivre intensément la beauté du monde, l'amitié, l'amour ; la compassion pour ceux qui souffrent. Rendre grâces à Dieu, c'est dire : ce que j'ai reçu - toute beauté, toute joie - je l'ai reçu gratuitement, ce n'est pas moi qui l'ai fait. Je me mets dans la situation du nouveau-né qui reçoit tout de sa mère, sans avoir rien fait pour l'obtenir. Prier, c'est aussi chercher au fond de moi-même ou dans ma relation avec l'Autre, les forces pour faire face aux difficultés. Je vois la prière comme quelque chose de proche de la poésie : prier, c'est ressentir intensément la beauté et l'amour, et ne pas s'en attribuer le mérite. C'est un jaillissement de mon cœur vers l'Autre (n'est-ce pas un des noms de Dieu ?). Et quand je souffre ou prends connaissance de la souffrance de ceux que j'aime - et ceux que j'aime, ne devrait-ce pas être l'humanité entière ? - il y a aussi un jaillissement qui surgit de mon cœur. Prier pour les autres, c'est vivre l'empathie, vivre l'amitié, l'amour, c'est aussi se dire : « Je dois faire tout ce qui est en mon pouvoir pour que cette souffrance cesse ». Et si je prie pour moi-même, c'est pour avoir les pensées et les gestes de Jésus face à la souffrance. Si je prie pour les autres c'est pour me demander comment je puis les aider, comment ils peuvent s'en sortir ? Et je réalise alors qu'il est difficile de vivre une relation profonde d'amour pour sa femme, sa famille, pour ses amis, son prochain, le monde entier, sans vivre quelque chose de très proche de la prière.

Mais cette prière-là, c'est tout autre chose que de remercier Dieu pour nos privilèges et de demander qu'il éloigne le malheur de nous et de nos proches.

D'ailleurs le *Notre Père*, la prière que Jésus nous a enseignée, ne demande pas pour nous de privilèges. Il y a une seule demande qui apparaît comme telle : « Donne-nous aujourd'hui notre pain de ce jour », mais cette demande peut être comprise comme : nous voulons nous contenter du pain de ce jour ou bien encore : le pain que nous mangeons en ce jour, nous l'avons reçu, ce n'est pas nous qui l'avons créé, ou encore (en insistant sur le *nous*) : la seule richesse que nous voulons c'est celle qui nourrit non seulement moi mais aussi les autres. C'est donc une expression de solidarité et de sobriété. Quant à « Pardonne-nous nos péchés... », j'y vois non pas tant une demande de grâce pour nous-mêmes qu'une mise en relation du pardon de Dieu avec le pardon dont nous sommes capables ou non pour les autres (Voir plus loin).

◊

Cette réflexion sur la prière est un élément de plus qui m'amène à me rendre compte que ma foi est assez différente de celle de ceux qui se sont dits chrétiens avant moi. Et cependant, je découvre, dans leurs pratiques et leurs convictions, quelque chose que je partage. Bien sûr, je devrais aussi découvrir quelque chose de positif dans les croyances de tous les autres humains, qu'ils soient hindous, bouddhistes, musulmans, juifs, athées, animistes ou indifférents.

Mais avant de dire ce que j'ai quand même en commun avec les chrétiens, il faut que je dise encore en quoi je me distingue d'eux.

Ce que je ne crois pas

Je ne crois pas en un Dieu tout-puissant, car j'ai été marqué de façon indélébile par Auschwitz. Et l'expérience d'Auschwitz se répète chaque fois qu'un malheur survient défiant la foi en la bonté de Dieu. Auschwitz même n'est que la répétition de tant d'abandons de Dieu qu'il y a eus dans l'histoire des hommes. Si je ne puis pas nier qu'il y ait eu des miracles où la puissance de Dieu a semblé l'emporter sur le mal, ces miracles même me posent une autre question : Pourquoi quelques-uns ont-ils pu guérir, échapper à la persécution ou au désespoir, alors que tant d'autres n'y ont pas eu droit ? N'est-ce pas encore une injustice ? Je ne peux donc pas croire en un Dieu tout-puissant et, par conséquent, je ne puis croire en un Dieu providence. Comment Dieu pourrait-il veiller sur moi s'il ne peut pas empêcher le mal de se produire ? Mais cela ne m'amène pas à douter de l'existence de Dieu, car le mystère de notre existence est infiniment trop grand et je ne puis vivre sans la transcendance d'un amour.

Le péché?

Bien sûr que le péché existe, même s'il y en a beaucoup de définitions différentes. Pour moi, le péché c'est le fait que l'homme (l'être humain) ne peut ni se délivrer du mal qu'il subit ni se délivrer du mal qu'il commet. Mais alors justement, pourquoi serait-il coupable? A quoi sert-il de le confesser (sinon, dans des circonstances particulières, comme un acte public, comme un geste de *catharsis*, pour laver un groupe social d'une plaie)? Le péché existe, mais l'homme en est-il coupable? Ce qui importe c'est de chercher comment l'en délivrer.

La révélation biblique?

Je ne crois pas que la Bible soit constituée de paroles sorties de la bouche de Dieu, mais que ce sont des paroles d'hommes, dans leur temps, qui parlent du Dieu auquel ils croient. Certes la Bible nous apporte une révélation. Mais c'est surtout le livre qui nous apprend les différentes façons dont un peuple a compris Dieu au cours des âges, et dont les actes et les paroles de Jésus ont été compris. La révélation, ce ne sont pas des paroles incontestables, mais c'est voir comment on est passé de la conception d'un Dieu souvent cruel et exclusiviste, à un Dieu d'amour.

Les dogmes?

Je dirai plus loin pourquoi le Christ est important pour moi, mais est-il nécessaire de croire à la naissance virginale de Jésus et qu'il reviendra à la fin des temps sur les nuées du ciel? On pourra peut-être me convaincre que les dogmes christologiques ont un caractère de mythe, autrement dit qu'ils sont vrais par le message qu'ils véhiculent même s'ils ne sont pas scientifiquement prouvés. Il m'est arrivé de dire que je ne *sais* pas si le Christ est ressuscité, s'il est monté au ciel, mais que j'y *crois*, dans le sens que ces dogmes sont porteurs de quelque chose de vrai pour moi, à savoir que le Christ est vivant aujourd'hui. Mais ce qui emporte surtout mon adhésion au Christ, c'est la personne de Jésus de Nazareth. J'en parlerai plus loin. En même temps, je frissonne d'horreur devant certaines affirmations de chrétiens à son sujet. Et je rejoins des non chrétiens qui ont admiré Jésus, mais rejeté ce que l'Eglise a dit de lui: «O l'injustice, l'injustice qu'on lui a faite, et qui me serre le cœur!» dit Clamence en parlant de lui, dans La Chute de Camus.

Le salut?

Oui, nous cherchons tous le salut, c'est-à-dire comment être délivrés de ce qui nous enchaîne, comment être pardonnés, comment pardonner, comment aimer. Mais croire que ce salut, compris comme la garantie du paradis après la mort, peut être obtenu par la participation à des rites, par la croyance à des dogmes, par des bonnes œuvres et surtout croire que ceux qui ne participent pas à ces rites et qui ne partagent pas cette croyance seront exclus du salut, me fait grincer des dents.

Si je ne crois pas à certains enseignements que le christianisme a prêchés, je pense néanmoins que la réflexion sur ces questions est extrêmement enrichissante et me fait comprendre la foi de ceux qui m'ont précédé.

Ce que je ne sais pas

Après avoir dit ce que je ne crois pas, je dois confesser qu'il y a beaucoup de choses que je ne sais pas. Et la plus vitale, si je puis dire, est ce qu'il adviendra de moi après ma mort. Pendant longtemps, la motivation principale des chrétiens a été de préparer leur salut éternel, leur place au paradis. Remarquons au passage que l'Ancien Testament ne parle pas (sauf dans le livre de Daniel) de vie éternelle. Quant à moi, j'avoue ignorer ce qu'il adviendra de mon âme (car de mon corps, je sais qu'il sera réduit en cendres). Ressusciterai-je ? Vais-je me réincarner ? Pourrai-je encore communiquer avec le monde des vivants ? Ou est-ce que je n'existerai tout simplement plus ? Je dois reconnaître que c'est la foi en la résurrection et la vie éternelle pour laquelle j'ai le moins d'indices. Il y a beaucoup d'indices que quelque chose continue après la mort : je ne peux pas mettre sans autres la communication avec les morts dans la catégorie des superstitions, la réincarnation non plus. Il y a trop de récits troublants. Mais ce que je n'accepte pas, c'est qu'on utilise ces hypothèses pour escamoter la souffrance humaine. Par exemple en disant : « Tu paies, dans cette vie, les crimes commis dans une vie antérieure ». Quelle serait donc cette justice qui ferait payer des crimes dont on n'a aucun souvenir ? Et quel juge la met en œuvre ? Ou bien : « Ta souffrance présente sera compensée par la béatitude éternelle au jour de la résurrection ». Est-ce que ce ne sont pas là des consolations faciles, alors qu'en réalité on n'en sait strictement rien ? Mais comme tous les humains, j'ai besoin d'une assurance devant la mort. Je crois que la seule consolation que je puisse avoir, c'est l'amour. C'est bien parce que l'amour ne supporte pas la séparation définitive que la mort est si inacceptable. Mais en même temps, il faut dire que ce qui rend la mort terrible, c'est de n'avoir personne à aimer. Je crois donc que c'est l'intensité de l'amour qui me permettra d'affronter la mort. « Parce que j'ai aimé cette vie, je sais que j'aimerai la mort aussi » (Rabindranath Tagore).

Et puis, parmi les choses que je ne sais pas, il y a tout ce qui concerne le monde invisible : anges, diable, démons, esprits. La pensée moderne a tendance à les rejeter globalement, mais je suis bien obligé de constater que c'est une tendance récente et très limitée dans l'histoire de l'humanité et que toutes les cultures, y compris la nôtre et celle de la Bible, y ont cru. Je dois constater aussi que certaines guérisons ne s'expliquent pas sans référence à ce monde-là. Mais là aussi, ce sont des considérations éthiques qui me turlupinent : Pourquoi certains bénéficient-ils de l'influence positive du monde invisible ou échappent-ils à ses malédictions alors que d'autres non ? Et puis, il y a contradiction entre ces croyances et ma conviction que l'homme est responsable. C'est aussi ce qui m'empêche de m'intéresser beaucoup à l'astrologie et aux techniques divinatoires. Car je ne puis croire que mon avenir soit écrit sans que j'y sois pour rien. Mais ces raisons éthiques ne suffisent pas pour affirmer que ces croyances sont du pur charlatanisme.

Il y a encore des multitudes de choses que je ne sais pas : je ne sais pas ce que signifie la révélation, ce qu'est la création, pourquoi la souffrance, etc. Et cette ignorance est pour moi fondamentale, car elle me rappelle que je suis incapable de connaître les réalités dernières et que je ne puis les approcher que comme des mystères.

Mais le plus grand mystère de tous est : Pourquoi y a-t-il quelque chose au lieu de rien ? C'est la question posée par Leibniz. On peut douter de l'existence de Dieu, mais on ne peut pas douter qu'il y ait quelque chose (au moins moi et quelque chose d'extérieur à moi, c'est le point de départ du *cogito* de Descartes). Or, la simple existence de quelque chose est totalement incompréhensible. Et cela me remplit d'un sentiment d'admiration, qui peut devenir adoration, qui peut aussi devenir révolte. En tout cas, comment puis-je prétendre connaître les réalités dernières quand la seule existence de quelque chose est incompréhensible ? Et si je ne sais pas pourquoi quelque chose existe, comment pourrais-je savoir ce qui va m'advenir après ma mort ?

III

Pourquoi je me dis quand même chrétien

J'ai montré que je ne partageais pas toutes les croyances de ceux qui se sont dit chrétiens au fil des siècles. Mais, malgré ces divergences, je me considère quand même comme chrétien. Pourquoi ? J'en donnerai ici quatre raisons.

- J'appartiens à une lignée,
- Je crois en la valeur des rites,
- J'ai besoin de ferveur,
- Enfin, je veux suivre la personne et l'enseignement de Jésus et, en particulier, ce qu'il nous révèle du pardon.

Une lignée

La première raison que j'ai de me dire chrétien est une appartenance : je me reconnais appartenir à une lignée d'hommes et de femmes qui ont pensé, qui ont agi, dans le cadre de cet immense mouvement humain que l'on a appelé le christianisme. Même si je ne sais pas exactement ce qu'a dit le Christ ou ce qu'il pensait, même si je ne suis pas d'accord avec un grand nombre de docteurs du christianisme, même si je suis mieux en accord avec certains non-chrétiens (Voltaire, Camus, Darwin, Einstein, Gandhi, Freud, etc.) qu'avec eux, je reconnais que la moelle de ma réflexion a été nourrie par le christianisme. Et cela même si j'abhorre les croisades, l'inquisition, même si je suis outré par la justification par les chrétiens de la traite des noirs, du colonialisme, de l'antisémitisme, par le conservatisme de l'Eglise, sa rigidité.

J'appartiens donc au christianisme jusque dans ma combativité contre ce que je désapprouve en lui. De même que Jésus s'appuyait sur la Loi pour combattre les docteurs de la loi de son époque, je m'appuie sur la réflexion théologique et sur l'histoire de l'Eglise pour rejeter une partie de ce que dit l'Eglise ou pour appuyer ou rejeter les opinions dominantes de mon époque.

Des rites

La deuxième raison, c'est que cette lignée, à laquelle je me sens appartenir, a pratiqué des rites qui se réfèrent à une transcendance et que ces rites ont un sens pour moi, même si je n'y vois pas toujours ce que d'autres chrétiens y voient. J'ose à peine le dire: l'une des raisons pour lesquelles je me sens chrétien, c'est de participer aux enterrements, aux baptêmes, aux cérémonies, aux cultes, de prendre les sacrements.

Eh oui, car je crois que le rite est quelque chose d'indispensable à la vie humaine. L'homme ne peut pas vivre sans rites (qu'ils soient religieux ou sociaux) et encore moins s'il se réfère à une transcendance. Le rite signifie une relation à Dieu ou à quelque chose qui nous dépasse ; il signifie aussi une relation humaine avec ceux qui participent au même rite ou à un rite semblable. Evidemment, je ne crois pas du tout qu'un enterrement chrétien soit une garantie pour aller au paradis, je ne vois pas non plus de raison pour laquelle les protestants ne pourraient pas communier avec les catholiques ou pour croire qu'un prêtre ou un pasteur consacré aurait des pouvoirs directement conférés par le Seigneur. Je les reconnais pourtant comme porteurs d'une signification dont j'ai besoin. Bien entendu, il y a des rites auxquels je ne crois pas, par exemple tous ceux qui impliquent un pouvoir magique, et il y a ceux auxquels je donne mes propres significations.

Mais je suis un ferme partisan d'un Etat laïc et je n'aime pas les rites dont la célébration implique les autorités politiques.

La ferveur

Une troisième raison pour laquelle je me dis chrétien est ce que j'appellerai, à défaut d'un autre terme, la ferveur. J'utilise ce mot plutôt que ceux de piété ou de reconnaissance ou de prière ou de communion. Il y a des philosophes ou théologiens, chrétiens ou non, avec lesquels je suis totalement d'accord mais qui se contentent d'expliquer, de raisonner, et chez qui il manque la ferveur. J'ai souvent l'impression qu'ils passent à côté de quelque chose de fondamental, qui s'appelle le mystère, qui s'appelle l'amour, qui s'appelle la relation. Je crois que nous ne sommes pas sur terre pour expliquer, mais pour aimer. Et je trouve cette ferveur dans la foi chrétienne.

Même si je ne sais pas bien qui est Dieu, je pense que la beauté de la création, de la vie, l'opacité même du mystère de l'existence, font jaillir un élan. Cet élan, certains l'appellent poésie, d'autres prière, spiritualité, ou autre chose encore. Et comment méconnaître cet élan bouleversant que suscitent certaines œuvres de musique ? Ce que je sais, c'est que cette ferveur remplit ceux qui la connaissent d'une joie et d'une plénitude qui les comblent, même si elle les laisse pleins de questions et de doutes. Je ne suis certainement pas un mystique, mais je suis impressionné par le fait qu'il y a une expérience commune entre toutes les écoles mystiques : celles du christianisme, le soufisme musulman, le mouvement bhakti hindou. Même le bouddhisme, dans lequel il n'y a pourtant pas de Dieu créateur, connaît cette plénitude (où il faut commencer par faire le vide) que l'on rencontre en descendant au plus profond de soi.

Je pense que l'amour du prochain implique sans doute qu'on l'aide à se nourrir, à guérir de ses maladies, à le sortir de ses difficultés, etc. mais que s'il n'y a pas dans ces gestes une ferveur, c'est à dire une compassion, une relation personnelle et, en fin de compte une joie – la joie qui prend sa source dans l'amitié, dans une relation intime, dans la musique, dans la pitié, dans l'admiration - on est encore loin de vraiment aimer. C'est ainsi que je comprends que, malgré les réticences exprimées plus haut, nous devons prier pour notre prochain et aussi pour tous les hommes. Mais le but visé, ce n'est pas de réciter régulièrement des prières apprises par cœur (même si cela peut aider[4]), le but, c'est de demeurer dans un état de ferveur, d'être ouverts à la beauté du monde, à la beauté des hommes et (surtout!) des femmes, de souffrir avec ceux qui souffrent, d'être indignés devant ce qui doit nous indigner, d'être ouverts à l'amitié et à l'amour. A l'humour aussi.

4. Je pense à la prière dite de saint François : « Là où est la haine que je mette l'amour... »

La personne de Jésus

Mais la raison principale pour laquelle je me dis chrétien est que je suis un disciple de Jésus, ou je dirais plutôt que je *veux* être un disciple de Jésus. Je ne sais pas si Jésus est le seul que Dieu ait envoyé sur la terre pour donner la révélation définitive à l'humanité. Je pense que Jésus s'est trompé sur certains points: il croyait à l'avènement prochain du Royaume des cieux; il a eu des affirmations que je ne partage pas (par ex. «N'allez pas vers les Samaritains et les païens», «Tout ce que vous demanderez en mon nom, votre Père céleste vous le donnera»). Je ne veux pas dire non plus que l'on ne peut pas valablement choisir d'autres maîtres que Jésus, ni suivre ses paroles aveuglément, mais je veux méditer ce qu'il a dit et me laisser inspirer par ce qu'il a fait, en termes bibliques, le suivre.

J'ai écrit, dans un autre texte, un certain nombre de raisons pour lesquelles je dis que Jésus est mon maître. J'ai relevé ses **rencontres:** avec le paralytique qu'on descendait par le toit, avec Marie-Madeleine, avec Zachée, avec le jeune homme riche, la Samaritaine, l'aveugle-né, etc. Ce sont toutes des rencontres qui donnent la vie. J'ai relevé sa **compassion** et son **indignation,** deux sentiments que je crois inséparables («il fut ému de compassion» et s'indigne de ceux qui ne veulent pas qu'il guérisse une femme paralysée le jour du sabbat, devant les scribes qui chargent les autres de ce qu'ils ne veulent pas porter eux-mêmes), sa **pédagogie** qui part de l'expérience de la vie (au lieu d'affirmations dogmatiques, son enseignement consiste essentiellement en paraboles pas du tout moralisantes[5]), il voyait dans le culte de **l'argent** le plus grand danger («Vous ne pouvez servir Dieu et Mammon». Oh, combien cet enseignement est actuel!), il a introduit le **respect des femmes et des enfants**, dans un temps où ce n'était guère reconnu. Enfin ce qui est le plus fondamental, c'est son **refus du pouvoir** («le Fils de l'homme est venu non pour être servi mais pour servir...»), son **acceptation de la souffrance** («...et pour donner sa vie»). Tout cela fait de Jésus un être exceptionnel, à travers lequel je découvre la transcendance et la rencontre des autres - chrétiens ou non - basée sur l'amour. Il faut se souvenir qu'il n'y avait pas de chrétiens du temps de Jésus, aussi nos rencontres ne doivent-elles pas se limiter aux chrétiens. Jésus est celui qui inspire l'éthique que je veux faire mienne: le refus de la domination de l'autre, la non-violence.

---

5. Des paraboles qui donnent en exemples un juge inique, un administrateur malhonnête, un roi guerrier, etc.

Dans *Le Christ philosophe*, Frédéric Lenoir[6], montre comment l'enseignement du Christ a été occulté (en particulier dès que le christianisme est devenu religion dominante, sous Constantin), et qu'il a été remis en valeur par des philosophes qui ont été rejetés par l'Eglise, à l'époque des Lumières et de la Révolution française. La devise «Liberté, Egalité, Fraternité» paraît directement issue de l'Evangile mais elle n'a guère été appliquée pendant les siècles de chrétienté. Fallait-il que les chrétiens perdent le pouvoir pour que nos sociétés redécouvrent l'Evangile?

Mais mon expérience de ces dernières années me donnent une raison de plus pour «suivre Jésus», et c'est la réflexion sur le pardon.

Le pardon

J'ai consacré une grande partie de ma vie à travailler sur la torture. D'ailleurs, depuis mon adolescence, j'ai été tenaillé par la question du mal. Non pas que j'aie beaucoup souffert moi-même. Au contraire, la question, lancinante pour moi, était: Pourquoi y en a-t-il tant qui souffrent de façon abominable alors que moi je n'ai que des raisons d'être

6. Frédéric Lenoir: *Le Christ philosophe*, Plon 2007

heureux? En travaillant, avec et à la suite de Jean-Jacques Gautier, sur la torture, j'ai été plongé dans l'insoutenable. Il m'est apparu aussi que l'on a constamment cherché à cacher que la violence était omniprésente, en présentant le mal et la souffrance comme l'exception, dans une création fondamentalement bonne, alors qu'en réalité le mal et la souffrance me semblent plutôt être la règle. Après mon travail pour la prévention de la torture, je me suis plongé dans la question de la prévention des conflits et l'étude des moyens pour en sortir. J'ai pu faire deux séjours de plusieurs mois dans les Balkans comme observateur, chaque fois après des guerres atroces (celle de Bosnie qui a duré de 1992 à 1996 et celle du Kosovo qui s'est terminée en 1999). Plus tard, je me suis penché sur la Commission Vérité et Réconciliation d'Afrique du Sud, où Nelson Mandela et Desmond Tutu me semblent avoir su concilier la recherche de la vérité et le pardon. Les massacres de Yougoslavie et du Rwanda en revanche ont déclenché des haines qui semblent impossibles à surmonter. J'ai réalisé que la haine est constitutive de la culture humaine, que, dès que l'on peut parler d'hommes, il y a des atrocités. Je sais qu'il y a des anthropologues qui disent que les guerres ne sont apparues qu'au néolithique et que les hommes primitifs n'auraient pas connu de conflits violents. Il y a quelques décennies, les marxistes disaient que les guerres étaient une conséquence du capitalisme. Je crois plutôt, après avoir lu René Girard et d'autres auteurs comme Lévi-Strauss, que la violence - et ses formes les plus atroces : la guerre, la torture, le viol, l'esclavage - est aussi vieille que l'humanité. Et la violence ne s'exerce pas seulement contre celui qui est différent (par la race, par l'origine, par la religion, par les habitudes), mais peut-être tout autant contre celui qui est semblable, celui qu'on voudrait imiter, qui devient le rival qu'il faut anéantir.

Face à la violence, les réponses des hommes ont été en général d'autres formes de violence. Pour conjurer cette violence qui rend la vie en société impossible, les hommes (peut-être déjà certains animaux) ont inventé le Bouc émissaire, celui - ou ceux - qu'il faut anéantir pour que les autres puissent vivre, et dont la mort seule peut ramener la paix.

Mais voilà qu'avec Jésus advient la proclamation du *pardon*. Je ne dis pas qu'il soit le premier à l'avoir fait. Je ne dis pas non plus que Jésus a toujours pardonné à tous (a-t-il pardonné aux pharisiens ?

aurait-il pardonné à ceux qui le crucifiaient si ceux-ci *savaient ce qu'ils faisaient?*, et il reste toujours l'énigme du péché contre le Saint-Esprit qui, selon Jésus, n'obtiendrait pas de pardon). Mais je pense qu'il a montré *comment le pardon était possible*.

Car le problème n'est pas aimer mais pardonner. Aimer, c'est merveilleux, tous les poètes l'ont dit. Faire la charité, toutes les religions l'ont ordonné. Le problème c'est de pardonner. Car bien souvent, le pardon est impossible. Certes, on peut pardonner quand l'autre se met à genoux devant vous; on peut aussi pardonner quand on est soi-même reconnu comme coupable de plus grands crimes que celui à qui l'on doit pardonner. Mais pardonner à celui qui vous a écrasé, qui en est heureux et qui ne reconnaît pas ses torts, qui peut le faire? Et d'un autre côté, demander pardon à celui qui vous hait, c'est encore plus impossible. Et c'est pourquoi les êtres humains sont, depuis les origines, les uns en face des autres, ne pouvant ni pardonner ni demander pardon, et la violence se poursuit indéfiniment. Car la haine transcende les générations: vous devez payer pour ce que vos grands-parents ont fait à nos grands-parents, et finalement, cela devient: «Vous devez payer, simplement parce que vous êtes maudits».

Jésus est venu proclamer le pardon du Père. C'est ainsi que je comprends l'annonce : « Le Royaume de Dieu s'est approché de vous », première prédication de Jésus selon les évangiles. Il a proclamé ce pardon au paralytique qu'on descendait par le toit pour qu'il le guérisse, il l'a annoncé à la femme adultère qu'on voulait lapider, il l'a accordé à ceux qui le crucifiaient. Mais Jésus a surtout proclamé *le lien* entre le pardon reçu et celui que nous devenons capables d'offrir aux autres (« Pardonne-nous comme nous pardonnons à ceux qui nous ont offensés »). L'épître de Jean reprend la même idée : « Nous aimons parce qu'il nous a aimés le premier ». De même : « Nous pouvons pardonner parce que nous avons été pardonnés ». Nous ne pouvons surmonter l'impossibilité du pardon que si quelqu'un nous pardonne. Autrement dit, il faut *une médiation*. Il faut que quelqu'un vienne me dire : « Tu as été pardonné, tu es accepté, tu es aimé ». Ce n'est que lorsque tu as accepté cela que tu peux pardonner à ton tour, que tu peux accepter l'autre, que tu peux l'aimer. Mais comment être sûr qu'on est pardonné ? On ne peut l'être que si celui qui pardonne accepte d'en payer lui-même le prix. C'est ce qu'a fait le Christ sur la croix.

Mais annoncer le pardon, cela peut-il convaincre la femme rwandaise dont toute la famille a été massacrée, le Kosovar ou le Serbe dont le village a été brûlé, le prisonnier qui a été torturé, et même la femme (ou l'homme), chez nous aussi, qui a été humilié(e) par son conjoint? Je pense que cela n'est possible que si quelqu'un vient faire pour cette personne ce qu'a fait le Christ, lui dire: «Moi non plus, je ne te condamne pas», lui montrer qu'il ou elle est aimé(e), qu'il ou elle est accepté(e) pour lui-même ou elle-même. Et que ce quelqu'un accepte de payer le prix pour cette réconciliation.

Cela ne veut pas dire que le pardon puisse toujours être donné et reçu. Car encore faut-il qu'il y ait le double mouvement: le mouvement de celui qui demande et de celui qui offre. C'est l'Enfant prodigue qui dit: «J'irai vers mon Père», et c'est *simultanément* le Père qui, alors que le fils est encore loin, le reconnaît et court vers lui. Sans ce double mouvement, de celui qui pardonne et de celui qui demande pardon, je dis que le pardon est impossible. Mais ce qui peut rendre possible ce double mouvement, c'est l'intervention d'un médiateur.

Et c'est lorsque le pardon qui était impossible est soudain devenu possible, que peut être vécue l'expérience de la «joie parfaite» ou de la «joie imprenable», comme le dit Lytta Basset dans le titre de sa thèse de doctorat sur le pardon[7]. C'est là l'expérience de tous ceux qui ont accepté de pardonner et de ceux qui ont accepté d'être pardonnés: elle génère une joie qui n'est peut-être comparable à aucune autre joie sur la terre. («*Il y a plus de joie dans le ciel pour un pécheur qui se repent que pour 99 justes qui n'ont pas besoin de repentance».)*

Pour moi, c'est la proclamation fondamentale de l'Evangile de Jésus-Christ: que le pardon est devenu possible, d'impossible qu'il était. C'est cette découverte qui me fait comprendre ce qui est signifié par la formule: il a souffert pour nos péchés. C'est cela aussi qui me fait considérer Jésus comme mon maître et proclamer qu'il est vivant.

Certains m'ont reproché mon singulier: «mon maître». Certes, je ne suis pas en mesure de dire que personne avant Jésus n'avait compris le mes-

7. Lytta Basset: *La joie imprenable*, Labor et Fides 1998

sage du pardon ou n'avait été capable de le transmettre, bien que je ne voie pas d'autres exemples : tous les récits pré-chrétiens de pardon me semblent être soit à l'intérieur de la famille ou du clan (pardonner, c'est maintenir l'unité de la communauté qui est menacée), soit lorsqu'on a besoin d'obtenir quelque chose de celui à qui l'on offre le pardon), mais je ne connais pas, hors du christianisme, d'exemples du pardon gratuit, de celui qui donne la joie parfaite. Notons que si l'on m'en citait un, cela ne changerait rien au fait que je veuille être disciple du Christ. Au contraire, il serait réjouissant de constater que ses intuitions fulgurantes aient aussi été celles d'autres avant lui.

IV

Remarques finales

J'arrive à la fin de ce round de réflexions. Elles suivent toutes un même schéma : sur chaque point, je dis que je me distancie des positions d'autres chrétiens, mais aussi que chacune d'elles a apporté quelque chose de fondamental. Je n'ai pas voulu faire un traité de théologie, pas même une confession de foi. J'ai simplement voulu répondre au trouble qui est le mien quand je vois que je ne partage guère les convictions de ceux qui se sont dits chrétiens avant moi et me demander si je puis honnêtement me dire chrétien, alors que je ressemble si peu à mes prédécesseurs.

J'ai rédigé ces pages dans un souci constant d'honnêteté. Je les ai écrites à la première personne du singulier. Donc je n'ai aucune prétention à prêcher une doctrine, encore moins à faire des disciples. Et cependant, j'ai la faiblesse de croire que beaucoup des choses que j'ai dites ici auront des résonances chez d'autres chrétiens. Je ne demande pas qu'ils partagent tous mes avis, mais peut-être ont-ils aussi été gênés par l'abîme qui sépare leurs convictions de celles de leurs coreligionnaires.

A la fin de cette réflexion, j'ai envie de demander aux chrétiens qui m'auront lu, s'ils peuvent encore me considérer comme un des leurs. Peut-être me diront-ils : « Non, tu n'es pas chrétien, puisque tu ne crois pas telle ou telle affirmation de la foi ».

Et pourtant, malgré toutes ces divergences, j'arrive à la fin de ma réflexion en me disant chrétien résolument. Il y a quelques années j'exprimais ma foi en laissant entendre que j'avais des doutes ou des différences d'interprétation. Aujourd'hui, je n'hésite pas à dire clairement ce que je ne peux pas croire et je pense que cela me permet d'avoir des convictions claires, même si elles sont différentes des chrétiens qui m'ont précédé. Je ne vois pas quel sens cela a de réciter le Symbole de Nicée dont le langage a si peu en commun avec celui de mon époque, alors que je vois bien le sens d'avoir découvert en Jésus celui qui rend possible le pardon. Je pense donc que l'exercice que j'ai entrepris me laisse avec une conviction renforcée.

Post-scriptum

Juin 2013

Je n'ai pas consacré ma vie à la réflexion théologique mais plutôt à des engagements pour le développement et les droits humains. Après mes études, je n'ai pas voulu devenir pasteur car j'avais trop de problèmes avec l'enseignement que j'aurais dû donner, mais je me suis engagé dans une autre forme de service, et cela dans un cadre laïc. J'ai passé quatre ans en Afrique, avec la Cimade *(organisation française créée en 1939 par des protestants et des orthodoxes qui fut très active notamment pour faire passer des Juifs pendant la deuxième Guerre Mondiale, puis dans des actions de solidarité, notamment à Dakar sans aucun souci de prosélytisme). A la demande d'André Biéler, théologien et économiste, je suis devenu le secrétaire romand de la* Déclaration de Berne, *mouvement fondé en 1968 pour promouvoir une Suisse plus responsable à l'égard du Tiers-Monde. Ensuite, j'ai travaillé à l'accueil des réfugiés, puis dans la lutte contre la torture, avec Jean-Jacques Gautier, fondateur de* l'Association pour la prévention de la torture, *et avec* Amnesty international. *Vers 60 ans, j'ai fait des missions d'observation dans des zones de conflits tels les Balkans et Chypre, puis je me suis occupé d'*Appartenances, *une association qui accueille à Lausanne des victimes de la répression et de l'exil.*

Enfin, j'ai créé avec quelques amis l'Observatoire suisse du droit d'asile *et des étrangers, et me suis engagé dans le combat écologique. Bref, j'ai tenté de relever les défis qui étaient lancés à la foi chrétienne depuis un demi-siècle (développement, droits humains, apaisement des conflits, dialogue interreligieux et culturel, accueil des réfugiés, sauvegarde de la création), mais dans des organisations qui ne dépendaient pas de l'Eglise*

Arrivé à l'âge de la retraite, je me suis demandé ce qui me restait des convictions religieuses de ma jeunesse et j'ai écrit le texte qui précède. Je le reprends quelques années plus tard et je me pose encore une question: D'accord, je me dis chrétien, mais faut-il encore être actif dans l'Eglise? Pour mes frères catholiques, c'est très lié. Chez les protestants, ça l'est moins, et il y en a beaucoup qui se disent croyants non pratiquants.

La pratique du culte: *Même si je me sens assez étranger à certaines confessions de foi et certaines liturgies, même si les paroles de certains cantiques me font grimper aux murs parce qu'ils chantent de façon naïve la providence de Dieu («qui me guérit et empêche toujours que mon pied chancelle») ou une culpabilité ridicule («c'est moi que ta justice condamnait au supplice»), parce qu'ils évoquent le rôle sacrificiel de la mort du Christ (par tes souffrances mes péchés sont pardonnés),* qui minimisent les souffrances humaines (« nos épreuves sont légères et nos peines passagères ») ; même si on y lit des textes bibliques sans la moindre invitation aux reculs historique et culturel nécessaires (comme si la Mer Rouge s'était vraiment retirée devant Moïse, comme si un chœur d'anges était vraiment apparu dans le ciel de Noël), la pratique du culte me semble capitale. C'est le lieu où les chrétiens peuvent écouter et réfléchir en communauté sur sur le message du Christ et le service auquel il nous appelle.

L'Eglise a-t-elle un avenir? Certains pensent que, dans quelques décennies, elle n'existera plus, ou si elle existe encore, elle sera réduite à quelques communautés anachroniques ; qu'on admirera encore les cathédrales et que quelques moines prieront encore dans leurs couvents, mais qu'on n'enseignera plus le christianisme.

Je ne suis pas si pessimiste. Sans doute, la pratique religieuse va-t-elle encore diminuer dans un avenir proche, sans doute, y aura-t-il encore moins de catéchumènes, sans doute, aura-t-on encore plus de peine à recruter des pasteurs et des prêtres. Mais je pense que le besoin de spiritualité ne diminuera pas, et que l'Eglise va encore rester le recours d'un grand nombre de gens. Mais cela implique qu'elle renonce à une prédication arrogante à l'égard des croyants d'autres religions ou des athées, *qu'elle renonce à des exigences telles que le célibat des prêtres ou l'interdiction absolue des interruptions de grossesse, qu'elle accorde aux femmes des compétences semblables aux hommes, qu'elle soit à l'écoute de ceux qui souffrent, y compris dans leur sexualité, à l'écoute de ceux qui veulent donner une éducation critique à leurs enfants, enfin de ceux qui affrontent la maladie et la mort. Je constate d'ailleurs que l'Eglise dans laquelle je vis est bien engagée dans ce changement d'attitude, qui est plus d'entretenir une spiritualité que de prêcher des dogmes, plus d'entreprendre des actions de solidarité ou de lancer des cris d'alerte que d'entretenir une communauté vieillissante. Même si l'Etat ou les organisations privées peuvent prendre en charge certaines tâches de l'Eglise, ils ne seront jamais capables de donner les motivations et l'engagement que peut donner la foi chrétienne.*

Rappelons que la plupart des mouvements de solidarité, même laïcs, ont été créés par des chrétiens engagés. Je mentionnerai, dans mon expérience, des hommes comme André Biéler, fondateur de la Déclaration de Berne, *Jean-Jacques Gautier, fondateur de l'*Association pour la prévention de la torture, *Peter Benenson, fondateur d'*Amnesty international, *sans parler d'Henry Dunant, de Martin Luther King et de nombreux fondateurs d'œuvres sociales et humanitaires. Certes d'autres* *motivations peuvent exister, mais l'Eglise a été – et restera – un terreau de l'engagement désintéressé.*

Faut-il encore évangéliser (prêcher l'Evangile)?

Tout dépend de ce qu'on appelle prêcher l'Evangile et à qui l'on s'adresse. Prêcher l'évangile, comme je le faisais aux «Gais Vagabonds» (équipes de jeunes vaudois qui, entre 1947 et 1965, partaient quinze jours dans les campagnes françaises pour donner un spectacle et pour vendre des bibles et des journaux chrétiens), me fait sourire aujourd'hui. J'ai l'impression d'y avoir beaucoup plus appris des athées et des catholiques rencontrés que je n'ai vraiment transmis un message.

Si l'on entend par prêcher l'Evangile: faire redécouvrir aux chrétiens le message central du Christ, en ayant l'esprit critique à l'égard de ce que les Eglises en ont fait, je dis oui sans hésiter. Nos Eglises ont un urgent besoin d'évangélisation.

Si l'on entend par évangélisation la tentative de faire entrer dans l'Eglise ceux qui n'y sont pas, ou de faire changer de convictions les athées, les musulmans, les bouddhistes, je préfère beaucoup le terme de «dialogue» interculturel ou interreligieux: Se laisser inspirer par la réflexion, voire la piété, des non-chrétiens et leur dire aussi ce que la foi chrétienne nous a apporté. En cela, je suis le Dalaï-lama qui ne demande pas aux chrétiens de se convertir au bouddhisme, mais de devenir de meilleurs chrétiens. Je ne demande pas non plus aux non-chrétiens de devenir chrétiens, mais d'approfondir leur propre religion ou de découvrir les valeurs communes à toute l'humanité.

Si l'on entend par prêcher l'Evangile, faire connaître aux non-pratiquants le message d'amour et de pardon qu'il apporte, sans esprit d'exclusion, que ce message nous engage à un combat inlassable pour la réconciliation et la solidarité, qu'il implique la reconnaissance de nos erreurs passées, une pratique non-violente, un engagement pour la sauvegarde de la Création, si l'on tente de faire partager la ferveur que nous avons trouvée dans la foi chrétienne, alors oui, évangélisons !

L'important ce n'est pas d'amener les gens à croire que Dieu a créé le monde. Ce n'est pas de savoir si c'est Dieu qui a fait le Big Bang ou la première cellule vivante, mais de savoir que Dieu donne un sens à ma vie, sans refuser à ceux avec qui l'on parle le droit de trouver ce sens avec d'autres convictions.

Mais ce message tellement ouvert ne risque-t-il pas d'aboutir à ce que les jeunes ne connaîtront plus la Bible, n'iront plus à l'église, et de donner raison à ceux qui disent que, dans quelques générations, l'Eglise n'existera tout simplement plus ? Oui, ce risque existe, et c'est pourquoi il est heureux que des nouvelles formes d'enseignement chrétien apparaissent dans les écoles et dans les catéchismes, que de nouvelles formes de culte et surtout de chant attirent des jeunes pour leur montrer les richesses de la foi chrétienne.

Etre fidèle à l'Évangile, c'est amener les hommes, les femmes, les enfants, à ce combat pour la justice, la sauvegarde de la création et la réconciliation.

Quelques citations

Simone Weil

Un homme dont toute la famille aurait péri dans les tortures, qui lui-même aurait été longuement torturé. Ou qui aurait échappé seul à l'extermination complète de tout son peuple. De tels hommes, s'ils ont cru à la miséricorde de Dieu, ou bien n'y croient plus ou bien la conçoivent autrement qu'auparavant. Je n'ai pas passé par de telles choses. Mais je sais qu'elles existent: dès lors quelle différence?
Je dois tendre à avoir de la miséricorde divine une conception qui ne s'efface pas, qui ne change pas, quelque événement que le destin envoie sur moi, et qui puisse être communiquée à n'importe quel être humain.

Simone Weil
La pesanteur et la grâce

Mystique anonyme du Moyen Age

-Dis, fol, si ton aimé te désaimait que ferais-tu?
-Je l'aimerais encore afin de ne pas mourir,
car le désamour c'est la mort et l'amour c'est la vie.

Anonyme

Elle me dit : Viens ! Alors…
O Dieu ! joie, extase, ivresse,
Exquise beauté du corps !
Trésors ! au divin séjour
Si vous manquez à nos âmes,
Le ciel ne vaut pas l'amour.

Lessing

Si Dieu, tenant dans sa main droite toute la vérité et dans sa gauche la seule recherche toujours en éveil de la vérité, avec toutefois l'assurance que je serai éternellement dans l'erreur, et qu'Il me dise : Choisis, je tomberais humblement à genoux à sa gauche et dirais : Père, donne, la vérité est seulement pour toi.

(Wenn Gott in seiner Rechten alle Wahrheit und in seiner Linken den einzigen immer regen Trieb nach Wahrheit, obschon mit dem Zusatze, mich immer und ewig zu irren, verschlossen hielte, und spräche zu mir : « Wähle ! » Ich fiele ihm mit Demut in seine Linke und sagte : « Vater, gib ! die reine Wahrheit ist ja doch nur für Dich allein » (Lessing, Brief an Matthias Claudius, Eine Duplik, I)

Rabindranath Tagore

Ainsi, tu es descendu jusqu'à moi. O toi, Seigneur de tous les cieux, où serait ton amour si je n'étais pas ?

Tu m'as fait le partenaire de toute ta richesse. Dans mon cœur ton enchantement joue sans fin. Et toi qui es le roi des rois, tu t'es revêtu de beauté pour captiver mon cœur. Ainsi ton amour se perd dans l'amour de celui qui t'aime et tu es vu dans l'union parfaite de deux.

(Thus it is that Thou hast come down to me. O Thou, lord of all heavens, where would be thy love if I were not? Thou hast taken me as thy partner of all this wealth. In my heart is the endless play of thy delight. In my life is thy will ever taking shape. And for this, Thou who art the King of kings hast decked thyself in beauty to captivate my heart. And for this thy love loses itself in the love of thy lover, and there art thou seen in the perfect union of two.)

Gitanjali N° 56

Table des matières

Chrétien quand même?

achève de s'imprimer
en novembre 2013
sur les presses
de l'Atelier Grand SA
imprimeurs-éditeurs
au Mont-sur-Lausanne (Suisse)
pour le compte
de la Fondation Ouverture